RÉPONSE

A LA LETTRE

DE M. LE COMTE DE MOSBOURG,

SUR

LA RÉDUCTION DE LA RENTE.

Par H. G. DELORME, du Cher.

> Le peuple le mieux gouverné en matière
> de finance, est celui qui paye l'intérêt le
> moins élevé.
>
> (*Économ. polit.*)
>
> Montesquieu et le judicieux Loche ont
> professé le principe, qu'il était utile de faire
> baisser l'intérêt de l'argent.
>
> (*Économ. polit.*, J. B. SAY, p. 148.)

A PARIS,

Chez Anth^e. BOUCHER, IMPRIMEUR - LIBRAIRE,
RUE DES BONS-ENFANS, n°. 34;
Et DELAUNAY, LIBRAIRE, PALAIS - ROYAL,
GALERIE DE BOIS.

22 Avril 1824.

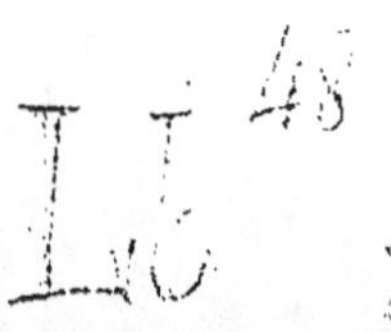

IMPRIMERIE ANTH^e. BOUCHER, RUE DES BONS-ENFANS, N°. 34.

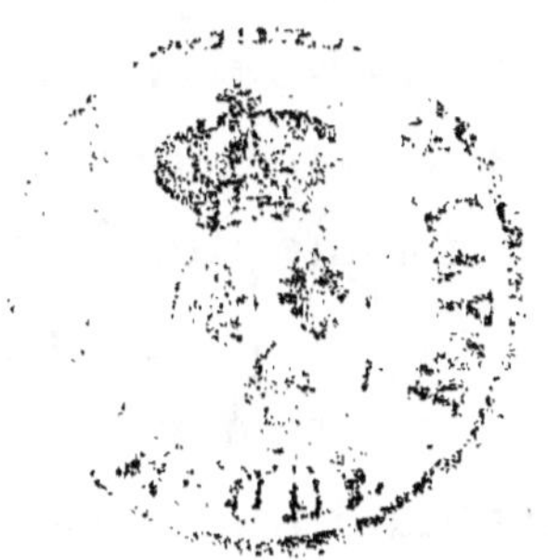

RÉPONSE

A LA LETTRE

DE M. LE COMTE DE MOSBOURG,

SUR

LA RÉDUCTION DE LA RENTE.

UNE grande mesure de finances est présentée à la sanction des Chambres. Elle dérange toutes les habitudes des rentiers, attendu qu'ils seront obligés de faire un revirement de placemens, s'ils veulent avoir plus de 4 pour 100 de leurs capitaux. Le Ministre qui a eu le courage de la proposer, a dû s'attendre à une forte opposition ; elle a dû être d'autant plus vive que le corps d'armée qu'il attaquait est à Paris, et que les habitans de cette bienheureuse ville sont en possession, depuis la révolution, de faire céder à leurs intérêts particuliers ceux du reste de la nation. Le moment est arrivé qu'un ministre des finances a connu les obligations qui lui sont imposées ; le moment est donc enfin arrivé que les intérêts publics ne seront plus

1..

sacrifiés aux habitués de la bourse de Paris. Honneur en soit rendu à ce ministre réparateur !

M. le comte de Mosbourg a commencé l'attaque. Sa lettre a été d'un tel poids sur les esprits, que tous les rédacteurs de journaux et toutes les brochures l'ont reproduite en diverses manières.

Comme je ne partage point l'opinion de M. le Comte et de ses aides-de-camp, je vais essayer de la combattre; heureux si, dans l'intérêt de mon pays, je parviens à éclaircir une question qu'on a tellement embrouillée, qu'il n'est pas rare de rencontrer des hommes, doués même de beaucoup d'esprit, qui ne peuvent asseoir leur jugement.

Comme M. de Mosbourg, en 1816, je vis avec effroi le système funeste qu'on proposait pour libérer la France des contributions de guerre qui lui avaient été imposées.

Comme lui je me crus autorisé, par l'urgence du moment, à présenter un système que je croyais plus convenable. Comme nous aussi, MM. de Villèle et de La Bourdonnaye réunirent leurs efforts pour que le plan présenté par le ministère fût rejeté; mais quelle que fût la justesse de nos vues, *la raison de fer prévalut.* On adopta le système de la caisse d'amortissement pour élever progressivement les rentes, en les faisant racheter par le trésor à un taux toujours supérieur à celui de leurs ventes. M. le baron Louis ne trouvant pas le jeu de ce mécanisme encore assez puissant ou assez avantageux aux agioteurs, fit décider que nos forêts leur seraient sacrifiées, en les vendant pour augmenter la dotation d'amortissement.

Il faut avouer que quoique ces mesures aient dû être considérées comme désastreuses, au moins elles ont eu l'avantage d'élever la rente au-dessus du pair; ce qui remédie en partie aux dangers du système.

En observant le mouvement qui s'est opéré depuis le premier emprunt, on reconnaît que si les derniers se sont faits successivement à un taux moins onéreux, ce fut parce que les étrangers, attirés par l'appât de recevoir 10 pour 100, en achetant nos rentes, et persuadés aussi que le rachat journalier que nous devions en faire augmenterait leur valeur, furent les premiers à les prendre; les capitalistes français suivirent leur exemple, et à l'envi les uns des autres, ils firent monter nos effets publics, jusqu'au moment où la sage prévoyance de M. le Comte de Villèle les fixa à un taux un peu plus élevé que le pair, en donnant une espèce de publicité à la mesure qu'il préparait.

Je ne prétends point, en rappelant nos succès en ce genre de crédit, en faire un grand honneur aux précédens ministres, car ils n'avaient pu prévoir le résultat que nous voyons; mais aussi combien n'est-il pas injuste, en cette circonstance, d'opposer M. de Villèle député, à M. le Comte de Villèle ministre, ainsi qu'un de nos journaux a cru devoir le faire ? Il devait, en 1816, s'opposer aux mesures proposées, comme, en 1824, il doit se croire autorisé à adopter un nouveau système plus convenable à nos intérêts généraux, puisqu'il fera rentrer dans le trésor les énormes sacrifices qui ont fait élever nos rentes à un capital supérieur aux espérances de leurs détenteurs.

Le projet présenté est ainsi conçu :

« 1º. Des rentes à 3 pour 100 seront substituées
» à celles déjà créées à 5 pour 100.

» 2º. Les porteurs des 5 pour 100 auront la fa-
» culté de l'adoption entre le remboursement du
» capital nominal, *c'est-à-dire, recevoir 100 fr.*
» *pour 5 fr. de rente*, et la conversion à 3 pour
» 100, au taux de 75 fr.

» 3º. Qu'elle présentera, pour résultats défi-
» nitifs, une diminution d'un cinquième sur les
» intérêts de la rente convertie ou remboursable.

» 4º. Le trésor entrera en jouissance du bénéfice
» que produira la diminution de l'intérêt de nos
» rentes au 1er. janvier 1826 au plus tard. »

Certes, pour tout homme qui n'est pas aveuglé par une injuste prévention, il serait difficile de trouver dans ces propositions que les intérêts du trésor seront lésés en même temps que ceux des rentiers et des contribuables ; car s'il arrivait que le trésor perdît, nécessairement les rentiers ga-gneraient dans la même proportion ; mais j'espère qu'il me sera facile de prouver que ni l'un ni les autres n'éprouveront de perte par la réduction proposée.

M. le comte de Mosbourg voudrait nous émouvoir par l'aspect des petits rentiers vendant leurs capitaux pour les placer dans les rentes étrangères. Ne dirait-on pas que ces rentiers ont éprouvé au moins une perte réelle ? Mais tout au contraire, s'ils ont vendu, c'est au-dessus du pair ; et ces rentiers ont trop de prudence et trop de patriotisme pour que l'inquiétude de M. le Comte ne soit en pure perte, car ils ne confieront leurs petits capitaux qu'à des Français ; il est croyable même que s'ils n'avaient été effrayés par toutes les déclamations journalières que produit l'esprit de parti, ils auraient conservé toute confiance dans le gouvernement, puisque le pire pour eux était de recevoir 100 fr. pour leur 5 fr. de rente ; ce que bien certainement ils ignoraient ; car, dans leur gros bon sens, ces rentiers n'auraient jamais pu croire que, recevant plus en espèces qu'ils n'avaient payé, ils éprouvassent une perte, ainsi qu'on s'efforce de le persuader par tous les moyens que dicte la mauvaise foi.

Il paraîtrait aussi que M. de Mosbourg a éprouvé une légère contrariété, par la possibilité que le cinquième réduit pût être reconstitué *en faveur d'une destination particulière* . . . . Il craint que la mesure de réconciliation qu'à peine le monarque a laissé entrevoir dans le discours d'ouverture des chambres, ne soit une conséquence du système de finances qu'il combat; il s'en alarme *dans l'intérêt du trône, et dans l'intérêt de ceux qui ont interprété les paroles de S. M. comme une promesse en leur faveur.* Je le demande à M. le Comte, à quoi peut-il être bon, pour combattre un système de finances, de faire un rapprochement qui met deux classes de Français en opposition d'intérêts? S'il n'est pas homme de parti, il regrettera d'avoir employé un moyen qui tend à nous diviser, sans donner plus de poids à son opinion. Quant à moi, je ne vois dans la loi que les avantages qui doivent en résulter pour mon pays, je vois ce qui s'y trouve positivement, un moyen d'alléger les charges publiques. Je ne porte pas mes vues au-delà des résultats connus; enfin je ne sors pas du domaine de la finance pour entrer dans celui de la politique. Il est cependant bien certain que la mesure que redoute M. de Mosbourg n'a aucun rapport avec celle de la réduction projetée. J'aime à me persuader qu'il a un trop grand amour pour tout ce qui est équitable, pour qu'il ne reconnaisse pas que la grande mesure de justice qu'on présage, ayant été arrêtée depuis nombre d'années dans le cœur paternel de notre auguste monarque, n'attendait, pour être octroyée, que la réunion de volontés que promettent des pouvoirs unis par des principes homogènes, religieux et politiques ; ainsi donc le système financier n'est nullement la conséquence de la pensée royale en faveur de Français victimes de leur attachement à la légitimité, et c'est à tort qu'on les réunit à cette discussion qui doit leur être étrangère.

Les chiffres, dit M. de Mosbourg, *sont la langue des finances*; il espère par leur moyen nous démontrer que c'est un idiôme avec lequel on ne saurait s'écarter de la vérité. S'il en était ainsi, ce serait une langue bien précieuse, et la seule qu'il faudrait employer dans toutes nos discussions ; mais malheureusement on peut mentir avec des chiffres comme avec des mots : une transposition de situation, une transposition de temps, et les chiffres embrouillent tellement une question, qu'il devient impossible de s'y reconnaître. C'est positivement ce que je reprocherai à la lettre de M. de Mosbourg ; il nous donne en chiffres des résultats effrayants, quand il nous démontre que *l'état aurait donné en pure perte 201 millions 600 mille fr., pour 100 millions qu'il aurait reçus réellement.* A quoi bon encore nous reporter à 1817 pour une loi qui est présentée en 1824 ? S'il est nécessaire de s'exprimer par des chiffres, ne serait-il pas convenable de nous présenter un tableau qui n'eût de rapport qu'avec la loi ; de cette manière nous pourrions peut-être en comprendre les résultats fâcheux ; j'oserai même dire qu'il n'y a nulle bonne foi à nous présenter un calcul basé sur une opération à 50 pour cent de perte, ainsi qu'il arriva en 1817, et à réunir cette opération au nouveau système proposé, parce que le but évident de ce résultat est d'effrayer des esprits superficiels en portant atteinte à notre crédit, ce qui, selon moi, est peu Français.

De l'Amortissement selon M. de Mosbourg.

Ce qui a pu donner quelque poids à son opinion sur la manière d'amortir notre dette, je dirai même ce qui a pu séduire les esprits timides qui redoutent les innovations, c'est la simplicité de son système.

Cependant son acceptation serait ce qu'il y aurait de plus désastreux à la société tout entière, puisque ce système fixerait positivement l'intérêt de la rente à 5 pour 100, tandis que le système proposé tend à faire descendre l'intérêt au niveau de celui payé en Angleterre, c'est-à-dire, à 3 pour 100 : car ce n'est point parce que la rente va être fixée à 4 pour 100, par la nouvelle création des 3 pour 100 au capital de 75 francs, que l'intérêt sera réellement à 4 pour 100 ; mais ces intérêts seront plus ou moins élevés selon que le cours de la rente sera plus haut ou plus bas. Il est donc indispensable, pour aider à la tendance qu'ont les capitaux étrangers de prendre leur niveau avec les nôtres, d'avoir une caisse d'amortissement opérant comme elle l'a fait jusqu'ici ; jusqu'au jour où le niveau des intérêts étant arrivé, on pourra diminuer la dotation de l'amortissement, parce que, pour maintenir le niveau du prix payé annuellement pour les capitaux, il ne sera plus besoin alors d'un levier aussi puissant pour forcer, par l'appât d'un gain élevé, ces mêmes capitaux à se transporter d'une place sur une autre.

J'ose espérer que ce tableau de l'effet de l'amortissement successif, jusqu'au moment où le prix de la rente en capital ne représentera que 3 pour 100, détruira en son entier la faveur qu'on a pu accorder au système d'amortissement proposé par M. de Mosbourg ; car les seules vues financières qui tourneront au bien général, seront celles qui auront pour objet de niveler le prix payé annuellement pour les capitaux avec celui que rend une terre représentant le même capital ; et la doctrine que je combats est en opposition directe avec ces grands principes d'économie politique, dont on ne pourrait s'écarter sans frapper de stérilité toutes les industries ; je dis toutes, parce que les manufacturiers et les fabricans de toutes les espèces, jusqu'aux moindres marchands, ont le même intérêt.

Ainsi donc le système présenté par le Ministre de nos finances ayant pour résultat ce nivellement si désiré, tout homme, vraiment ami de son pays, ne peut que souhaiter très vivement qu'il soit adopté.

Le Constitutionnel, désapprobateur *né* de la mesure, parle aussi en chiffres ; et , comme M. le comte de Mosbourg, il veut nous prouver que les rentiers, le Trésor, et , par contre-coup , les contribuables sont menacés dans leur avenir de subir de nouvelles pertes. Heureusement il n'embrouille pas la matière comme M. le Comte ; il la précise, il menace les rentiers d'une seconde réduction , ou de recevoir 133,333 francs 33 centimes , pour 3,333 francs 33 centimes ; hors le cas échéant , j'espère au moins que les rentiers de Paris ne se plaindront pas de la mesure ; et si *le Constitutionnel* a voulu les effrayer , il se trompera grandement ; j'espère même que ceux d'entre eux qui le liront, en deviendront des approbateurs tellement zélés, qu'ils garderont dans leurs mains le titre qui doit *leur assurer un jour un si grand bénéfice.*

Pendant que la langue des chiffres est à la mode (et qu'est-ce qui ne devient pas à la mode à Paris ?) *la Quotidienne* nous présente deux tableaux comparatifs d'amortissement. J'avoue que ces tableaux sont d'une vérité si frappante, d'une clarté si vive , que je doute , qu'après les avoir lus , la grande majorité de ses lecteurs ne soient persuadés que M. le Ministre des finances ne doive abandonner son système.

En chiffres comme en prose, on peut errer , on peut de très bonne foi présenter des résultats qui, mieux réfléchis ou calculés sur de nouvelles bases, se réduisent à des illusions trompeuses.

En opposant, à ces tableaux, des tableaux dif-férens, j'espère faire revenir *la Quotidienne* de son erreur sur la perte de 9 cent millions dont elle menace notre Trésor dans l'avenir.

En 1824, le Trésor doit en rentes, 5 pour 100...................................... 140,000,000 fr.

En 1825, le Trésor devra en rentes, 4 pour 100................ 112,000,000

Bénéfice au profit du Trésor... 28,000,000

Amortissement et réflexions préliminaires.

Communément, en France, on escompte de 6 à 10 pour 100 ; on place par hypothèques de 5 à 8 pour 100.

Quand par la mesure projetée le taux de l'inté-rêt, entre particuliers, sera diminué, il sera encore, par hypothèques, à 5 pour 100 ; et par escompte, à 6 pour 100.

Les 3 pour 100, à 75 francs, sont à 4 pour 100.

D'après cet exposé, on doit croire que, de long-temps, et seulement avec le secours des Banques étrangères en concurrence avec celle de Paris, la rente 3 pour 100 ne pourra s'élever au-dessus de 85 francs.

Mais comme cette élévation sera progressive en hausse comme en baisse, j'admets le terme moyen pour le rachat par la caisse d'amortissement, à 80 pour 100.

Cette caisse rachetera donc annuellement à ce taux, 3 millions, au capital de...... 80,000,000

Le prix primitif étant de.......... 75,000,000

le Trésor aura perdu ou aura donné une prime en faveur des rentiers qui voudront réaliser leurs capitaux de.. 5,000,000

La réduction de la rente aura produit annuellement.................. 28,000,000

La différence du prix constitué avec le prix des achats par la caisse d'amortissement...................... 5,000,000

Le nouveau système produira donc un bénéfice annuel net de.......... 23,000,000

J'observerai que je fais une grande part en faveur des antagonistes du projet ; car il est plus probable que le rachat se fera de 70 à 80 fr. ; ce qui nous donnera le terme moyen de 75 francs, somme égale au prix de la création, d'où il résultera un bénéfice annuel de 28 millions. Mais, diront-ils, vous ne détruisez pas notre objection, que le Trésor a augmenté sa dette d'un tiers ou de 900 millions, et que la caisse d'amortissement achetant continuellement, le Trésor aura bien véritablement payé les 900 millions dont sa dette aura été augmentée...........

Je pourrais résoudre la question de la même manière que M. le Rapporteur, organe de M. le Ministre des finances, en déclarant que jamais on n'amortira la rente, ainsi donc que cette augmentation en capital est tout idéale; je pourrais encore, pour donner plus de poids à cette opinion, m'appuyer d'une autorité qui fera époque dans l'histoire des finances comme dans celle de la politique; celle du ministre Pitt, qui disait : *Si j'avais en ma possession la somme nécessaire pour acquitter la dette de l'Angleterre, je la ferais jeter dans la Tamise.*

Quand un homme d'Etat, ayant acquis une si grande réputation, a porté une pareille décision, on doit être persuadé qu'une dette publique est indispensable à un gouvernement représentatif; mais aussi ceux qui sont appelés à gouverner les peuples doivent faire une réflexion bien affligeante; c'est qu'au temps où nous vivons, la fidélité et l'honneur ne se trouvent plus qu'au fond d'un coffre-fort.

Enfin quelle que puisse être la réponse de M. le rapporteur, quelles que puissent avoir été les vues profondes du grand ministre que j'ai cité, comme je ne veux point éluder la question, je la résoudrai.

Je prendrai le temps qui est le plus probable de l'extinction de la dette.

En 1817, on demandait 37 ans; maintenant je prendrai 40 ans. En multipliant les 28 millions de bénéfices annuels par quarante années, nous aurons la somme de 1 milliard 120 millions de bénéfice. Ajoutez tous les intérêts composés pendant trente-neuf ans, et vous serez étonnés de la somme énorme de bénéfice que vous aura produite le système proposé.

Et en prélevant les 900 millions de capitaux qu'on reproche si injustement de sacrifier au profit des capitalistes, on aura le résultat positif d'une mesure que la sagesse a mûrie et que le patriotisme des Chambres consacrera légalement.

Si j'ai admis les 900 millions de perte, c'est seulement pour établir une comparaison conforme avec les alarmes prématurées et bien illusoires de *la Quotidienne*, en élevant au pair nos 3 pour 100; puisque je crois en avoir démontré l'impossibilité physique, et cependant prouver qu'avec cette soi-disant augmentation du tiers du capital de notre dette, le trésor gagnerait encore des sommes considérables.

Elle n'est pas plus fondée sur les dangers qu'elle prévoit d'un enlèvement subit de capitaux dans un temps politique orageux ; on pourrait le lui prouver d'une manière incontestable ; mais n'est-il pas des opinions qu'il faut taire dans l'intérêt de son pays..... ? et celles qui peuvent nuire à un crédit que l'on veut créer ne sont-elles pas de cette nature.

Il n'en sera pas de même de son assertion que les immeubles augmentant de valeur, nous n'en serions pas plus riches; je peux me permettre de la combattre, parce qu'il n'y a aucun risque pour notre crédit de le faire.

Je suppose donc un propriétaire possédant un immeuble de 400 mille francs , valeur actuelle.

Il doit cette même somme. Par une plus grande quantité de capitaux en circulation, sa terre s'élève à 500 mille francs.

Il est bien évident que ce propriétaire aura le même revenu à 400 mille francs de capital qu'avec les 500 mille francs; et en ce cas nous passons condamnation, mais arrivons à la vente de notre immeuble.

Il est aussi évident que notre propriétaire aura payé ses dettes, et aura encore en ses mains 100 mille francs ; lesquels placés sur notre rente, lui rapporteront 4000 francs ; ainsi donc ce propriétaire, avec sa famille, allait devenir à la charge publique; tandis que par une plus grande émission de numéraire en circulation, il lui reste encore de quoi vivre honorablement.

Qu'on ne me dise pas que ces liquidations sont rares ; si on les récapitulait, on serait effrayé des sommes énormes dont la propriété est grevée; mais d'ailleurs les liquidations ne se font-elles pas par le décès du père de famille et par le partage qui en est la suite? Je ne pousserai pas plus loin mes moyens de comparaison. Celui-ci doit suffire pour éclairer tout esprit droit, et faire tomber dans l'absurde l'opinion que j'ai combattue.

On attaque le ministre sur l'impossibilité d'exécuter les remboursemens, *si tous les porteurs d'inscriptions pouvaient s'entendre.* Dans ce paragraphe de M. de Mosbourg, il y a deux impossibilités physiques bien reconnues ; l'une, la coalition des rentiers ; car leurs intérêts étant de nature diverse, il est de toute impossibilité qu'ils veuillent tous consentir à leur remboursement. J'admettrai aussi qu'il y a impossibilité matérielle de réunir 3 milliards pour libérer le trésor ; mais il suffit pour le ministre des finances que la possibilité morale du remboursement existe, pour qu'il ait dû former son plan, l'arrêter et le faire exécuter.

La possibilité de l'exécution est reconnue par l'abondance des capitaux sur Londres et Amsterdam ; les 3 pour 100 se vendant 96 francs, l'abondance de ces capitaux doit les faire porter sur la bourse, qui offrira des trois pour 100 à un taux plus bas ; et c'est Paris qui offre cet avantage, présentant en même temps aux capitalistes une certitude d'être payés au moins égale à celle de l'Angleterre, et l'espérance d'une hausse progressive.

Qu'a donc fait M. le Ministre des finances, sinon de proclamer que l'intérêt européen était à 4 pour 100, et que pouvant trouver de l'argent à ce taux, le trésor n'en voulait plus à 5 ? Il a été autorisé à le faire par la hausse rapide qui allait porter la rente à moins de 4 pour 100, s'il n'avait arrêté à temps ce mouvement dans l'intérêt de l'exécution de son projet.?

Pour peu qu'on veuille examiner sans partialité le système présenté, on sera convaincu qu'il a été critiqué par des raisonnemens plus spécieux que fondés, puisqu'en le considérant sous ses rapports avec l'équité, il est juste. En droit, il est légal, et dans l'intérêt général, il ne peut être le motif d'une opposition. Il est juste, parce qu'on rend intégralement le capital nominal que représente 5 pour 100 ; il est légal, parce qu'en tous les temps le débiteur a pu se libérer envers son créancier ; il est même légal en principes religieux, parce qu'il est interdit au créancier d'exiger forcément le remboursement de son capital, puisqu'il ne pouvait le prêter qu'avec aliénation, tandis que le débiteur a toujours eu la faculté du remboursement.

Si on considère ce système sous ses divers rapports avec les intérêts généraux, ils sont immenses.

Un de ses premiers bienfaits sera de faire retourner à leurs destinations primitives les capitaux que les petits grands-livres de M. le baron Louis avaient enlevés si inconsidérément à l'agriculture et au commerce.

Il empêchera que de nouveaux capitaux en soient distraits ; ces capitaux contribueront à diminuer le taux excessif de l'intérêt, et le rapprochant des produits des terres, porteront les hommes industrieux à faire des spéculations agricoles qui tourneront au profit de la société tout entière.

Les capitalistes étrangers trouvant dans ce nouveau système l'assurance qu'une réduction de la rente devient impossible, laisseront leurs capitaux sur notre place.

Non-seulement les étrangers qui ont placé des capitaux sur nos rentes les y fixeront, mais de plus nombreux capitalistes suivront encore leur exemple; ne doit-on pas présumer que ces placemens seront suivis des capitalistes eux-mêmes qui viendront recevoir en personne les rentés que nous leur paierons, et par leur présence rendre à la consommation ce que le trésor leur aura compté?

Qu'objecte-t-on donc qui puisse faire le moindre effet sur l'esprit le moins versé en ces matières? On crie à l'injustice envers les créanciers de l'État; mais pour qu'une telle plainte fût fondée, il serait nécessaire qu'ils perdissent une partie de leurs capitaux.

Prétend-on, dans ce siècle de lumières, que toutes les industries soient sacrifiées aux rentiers oisifs de nos capitales? voudrait-on que toutes les industries fussent en mouvement pour procurer à ces capitalistes le doux repos dont ils jouissent aux dépens du commerce et de l'agriculture?

Ou bien serait-ce que pour les favoriser encore

plus, on détruirait l'ordre établi par la loi en leur accordant le droit de refuser leur remboursement? c'est bien assez, et c'est même beaucoup trop dans l'intérêt des peuples, que par l'abandon des principes religieux sur le prêt à intérêt, les créanciers puissent exiger à jour fixe leur remboursement; car le dernier résultat de ce droit, est pour le débiteur la banqueroute, la prison ou l'expropriation. Telles sont les conséquences funestes de vos lois civiles en opposition aux lois divines; tels ne peuvent être les principes d'un gouvernement paternel, protecteur actif de ce qui donne la vie à la société.

Ainsi donc toutes mesures contraires à ces principes destructeurs (1) devraient être reçues avec reconnaissance, parce qu'elles prouvent qu'enfin le moment est arrivé que des doctrines plus saines en finances que celles suivies jusqu'à ce jour deviendront la règle du gouvernement.

Mais ces rentiers dont on excite l'inquiétude, et qui servent de prétexte aux déclamations contre le système du ministre, s'ils voulaient être remboursés, n'auraient-ils donc plus de placemens à faire? Le contraire est bien certainement avéré; des placemens par hypothèques sont offerts; crai-

---

(1) Ces principes d'iniquité, je ne fais que les signaler, afin qu'une plume plus exercée se charge de traiter un sujet beaucoup plus important à l'intérêt des nations que tout ce qui a été écrit sur la pondération des pouvoirs.

gnent-ils d'avoir des contestations avec leurs emprunteurs ? la caisse hypothécaire leur offre un intermédiaire et leur promet 6 pour cent ; veulent-ils des intérêts plus élevés ? les actions sur les canaux leur promettent de 10 à 15 pour cent. S'il est de ces capitalistes plus enclins à s'occuper, n'ont-ils pas des commandites à faire à nos manufacturiers, au commerce d'exportation, pour des dessèchemens de marais, pour mettre en culture ces immenses landes dont la vue afflige encore l'homme ami de son pays, et qui ne doivent leur stérilité, au milieu d'une aussi grande population, qu'à l'absence des capitaux, ou, ce qui revient au même, au taux trop élevé de l'intérêt ?

Si tous ces moyens ne peuvent tranquilliser ces soi-disant amis des petits et gros rentiers, sur la possibilité qu'ils auront de se procurer un taux plus élevé que celui offert par le gouvernement, je dois cesser d'espérer de les convaincre, et me bornerai seulement à dire, que quand on a autant de facilités de tirer parti de ses capitaux, il est ridicule qu'on prétende exciter la pitié publique en faveur de la moins nombreuse classe de la société, qui, voulant vivre à ses dépens sans en supporter les charges, préférerait conserver ses rentes à 4 pour cent.

Pour mieux faire sentir tous les heureux résultats de ce nouveau système, qu'il me soit permis d'en présenter un aperçu succinct :

1°. 28 millions de rentes, diminuées sur les charges de l'état ;

2º. L'intensité du jeu de la bourse, paralysée en partie;

3º. Les capitaux étrangers se fixant sur notre place;

4º. Les capitalistes étrangers venant consommer parmi nous leurs rentes;

5º. Les capitaux remplacés par ceux des étrangers, se reportant sur les départemens;

6º. L'agriculture recevant, par ces capitaux, les moyens de prospérité qui lui manquent.

7º. Enfin le petit commerce trouvant à escompter à un taux qui promet à son industrieuse activité des bénéfices assurés.

Voilà les bienfaits de la réduction de la rente, dont je ne fais encore qu'esquisser faiblement les avantages; et cependant c'est cette mesure qui ne devrait trouver que des approbateurs, qui est contestée avec plus de violence que si elle compromettait le salut de l'État. Les uns ont la mauvaise foi de la comparer à la réduction des rentes par l'abbé Terray, qui les réduisit d'un cinquième, un quart et même de moitié, sans remboursement du capital intégral; les autres l'assimilent à la réduction des deux tiers par Cambon, qui ne donna que des valeurs nulles en échange; enfin on voudrait presque nous persuader que c'est une nouvelle banqueroute. Serait-ce donc qu'au temps où nous vivons il serait interdit à un ministre de former le projet de réparer les erreurs de ses prédécesseurs?

Serait-ce donc qu'on ne trouverait d'appprobateurs que pour détruire et non pour édifier ? On doit malheureusement le craindre, lorsqu'on se rappelle combien peu furent vives les oppositions, quand M. le baron Louis résolut de détruire jusqu'à sa source une partie de nos richesses territoriales, *nos forêts royales;* et quand on n'a pas oublié que toute la persévérance du ministère actuel a été nécessaire pour faire adopter le système de canalisation dont notre auguste souverain avait conçu la grande et heureuse idée (1).

Espérons que le Ministre de nos finances, fort de la justice de la mesure proposée, fort des immenses moyens d'actions financières que l'adoption de cette mesure donnera au Roi, pour élever la France au plus haut point de prospérité agricole et manufacturière, ne reculera point devant des oppositions qui n'ont d'autre origine que des intérêts privés, ou une source plus impure encore, la jalousie haineuse de quelques hommes de parti, qui lui sacrifient le bien public.

---

(1) Je représenterai à l'administration qu'on ne met point assez d'activité aux travaux; on perd trop de vue que chaque année de retard fait perdre les intérêts des capitaux employés avant de mettre les canaux en navigation; ce qui augmentera, par des jouissances perdues, la dépense d'un quart.